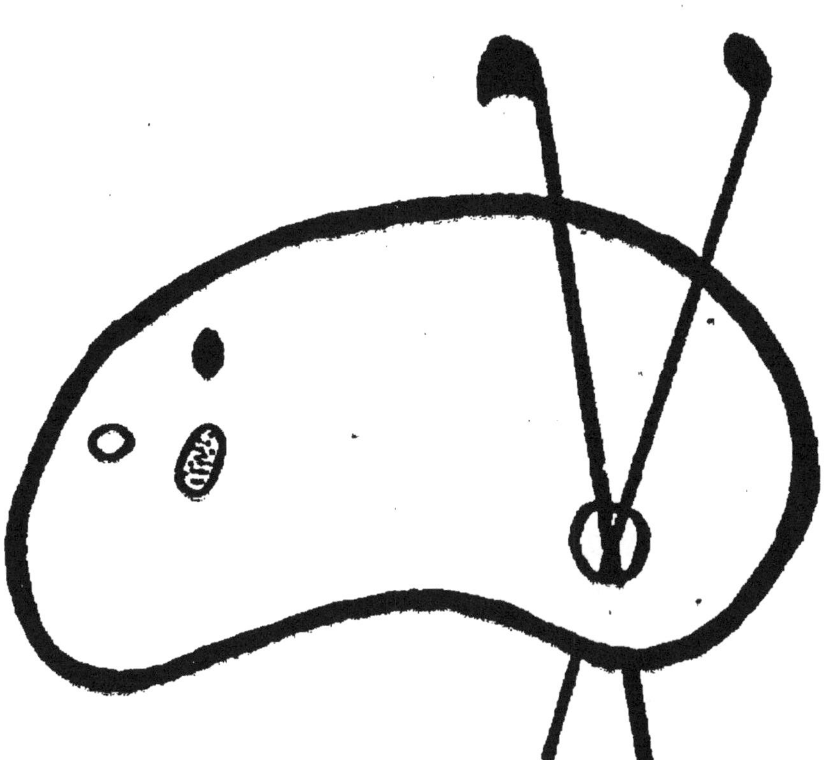

DEBUT D'UNE SERIE DE DOCUMENTS
EN COULEUR

BIBLIOTHÈQUE

DE LA

France Coloniale Moderne

publiée sous la direction de

Marcel RUEDEL

Que faire au Maroc ?

PAR

MM. E. MELCHIOR de VOGÜÉ, Comte d'AUNAY,
Comte Henry de CASTRIES, François DELONCLE, Camille FIDEL,
E.-F. GAUTIER, G. GERVILLE-RÉACHE, Jules GODIN,
Paul LEROY-BEAULIEU, Elisée RECLUS, Commandant TOURNADE.
Henri TUROT et un GÉNÉRAL.

SOCIÉTÉ
DE L'ANNUAIRE COLONIAL
GALERIE D'ORLÉANS — PALAIS-ROYAL
PARIS, Ier

1904

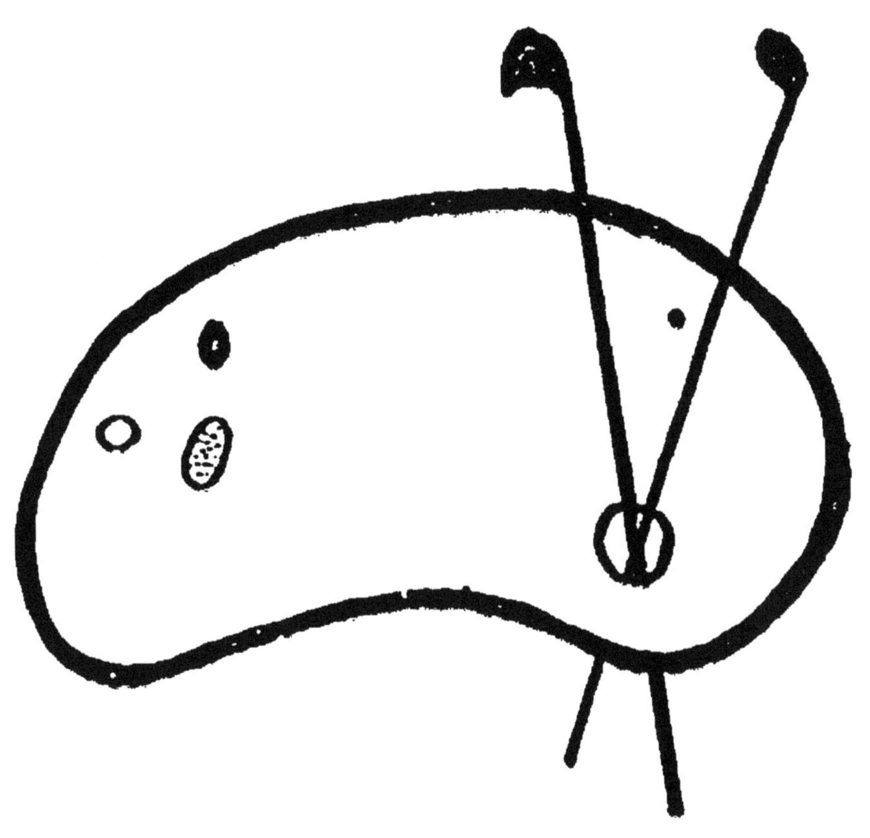

FIN D'UNE SERIE DE DOCUMENTS
EN COULEUR

Que Faire au Maroc ?

A quelques personnalités éminentes du monde colonial, le Directeur des *Annales Coloniales* a adressé un billet qui peut se résumer en ces termes :

Le Comité du Maroc, en se constituant, a laissé entendre que la question marocaine était close et le champ d'action ouvert à notre activité.

Que pouvons-nous faire au Maroc ?

Quelles sont ses ressources économiques ?

Comment devons-nous procéder ?

1° Au point de vue politique, pouvons-nous nous contenter d'un protectorat économique ?

2° Au point de vue économique, la pénétration pacifique peut-elle suffire à protéger les colons français commerçants, agriculteurs, industriels ?

Que sait-on de la valeur minière du Maroc ?

Quelles sont les cultures susceptibles de se développer au Maroc ?

Y a-t-il nécessité de procéder d'abord, selon la méthode américaine, à l'établissement de la voie ferrée ?

Devons-nous enfin, selon l'expression d'Onésime Reclus : *Lâcher* l'Asie, *garder* l'Afrique ?

Telles sont les questions que de multiples lecteurs nous ont posées. Nous n'étions pas qualifiés pour leur répondre, mais nous serions désireux de pouvoir leur donner votre opinion autorisée sur ces problèmes complexes, ou tout au moins sur les points auxquels vous vous êtes plus spécialement attaché.

Les *Annales Coloniales* ouvrent, à ce sujet, une vaste enquête dans laquelle toutes les opinions prendront place et à laquelle nous consacrerons deux numéros.

Veuillez agréer, etc., etc.

Le Directeur,
Marcel Ruedel.

Voici les réponses dans l'ordre où elles lui sont parvenues :

M. le Comte d'Aunay,

Sénateur de la Nièvre, vice-président du Groupe colonial.

Cher Monsieur,

Le temps me manque aujourd'hui pour traiter, comme il conviendrait, la question du Maroc. Je me réserve d'ailleurs, d'exposer mes vues sur ce sujet au Sénat, lorsque l'accord franco-anglais y viendra en discussion.

Il serait délicat de préciser, comme vous me le demandez, la concession à faire à l'Espagne, alors que les négociations avec cette puissance sont en cours, et téméraire de se prononcer sur la fertilité et la richesse minière du Maroc, mais ce qu'il est permis de dire, c'est que ce pays va nécessairement entrer en relations de plus en plus étroites avec nous, avec l'Algérie, dont il doit être le prolongement.

La question marocaine est réglée ou peu s'en faut, au point de vue international et les compétitions extérieures ne seront plus à craindre.

Reste maintenant à exécuter la seconde partie du programme ; c'est la plus difficile. Il va falloir établir notre prépondérance au Maroc, pénétrer le pays au moyen des voies ferrées qui développeront son commerce avec nous, chercher à l'assimiler en l'aidant à mettre de l'ordre dans ses finances, à organiser son armée ; en un mot, à l'administrer.

Cette pénétration devra être essentiellement pacifique, parce que l'opinion publique, chez nous, répugne à toute expédition, et voilà la difficulté qui se dresse devant nous. Nous nous sommes entendus avec nos concurrents européens, sans nous préoccuper peut être suffisamment du principal intéressé : le Maroc. Or, là, je crains que nous ne trouvions, au début, de sérieuses résistances.

Il appartiendra à notre diplomatie d'en triompher et j'ai tout lieu de croire que la tâche ne sera pas au-dessus de ses moyens.

Vous me demandez enfin si, suivant l'expression d'Onésime Reclus, nous devons lâcher l'Asie, garder l'Afrique. Pour moi, la question ne se pose pas. Il est certain qu'en Afrique, notre expansion trouve devant elle un vaste champ à exploiter, qu'en Asie, au contraire, elle est limitée par de redoutables compétitions.

Mais est-ce une raison pour abandonner une belle colonie comme l'Indo-Chine, dont la valeur augmente chaque année ? Ne lâchons pas cette proie, pour des acquisitions éventuelles et incertaines.

Croyez, etc.

D'AUNAY,

Vice-président du Groupe colonial du Sénat,
Sénateur de la Nièvre.

M. François Deloncle,

Député de la Cochinchine, ministre plénipotentiaire.

Mon cher Directeur,

Le Maroc sera, je l'espère, une bonne affaire pour la France, il est riche, plus riche que l'Algérie et la Tunisie ; il a de l'eau et beaucoup de paysans ; on pourra en tirer gros parti. Il faut le pénétrer lentement, y être très musulman et se garder d'y faire parler la poudre.

Quant à la formule d'Onésime Reclus, elle est mauvaise, très mauvaise, — il convient de la rectifier ainsi : *Gardons l'Asie et prenons l'Afrique.*

Bien votre,

François DELONCLE.

M. Elisée Reclus.

Monsieur,

Je ne comprends qu'une politique à l'égard du Maroc : se faire aimer, se faire respecter, se faire admirer par la supériorité morale, la supériorité intellectuelle, la supériorité économique. Toute autre politique serait crime, et crime plus funeste encore que les violences militaires, celui de corrompre les Marocains par l'usure et les spéculations financières.... Je demande de laisser faire en toute équité et toute bienveillance. Je demande que les Français soient justes à l'égard des Marocains. Le sont-ils à l'égard des musulmans de l'Algérie ?

Ce pays de l' « occident », le Maghreb des Arabes, est circonvenu de tous les côtés par les puissances européennes, dont les représentants, avec un très nombreux cortège de résidents hiverneurs, se sont établis à Tanger pour en faire une ville franchement européenne, indice de leur prise de possession future. Travaillé à l'intérieur par des intrigues de toute nature, le gouvernement central ne peut agir sans avoir à demander les conseils et à recevoir les subsides des rivaux d'Europe qui se disputent son héritage, et quant aux tribus indépendantes, qui constituent le *bled es siba*, pays de l'insoumission, elles dépendent également de l'Europe, du moins indirectement, puisque les objets de fabrication industrielle ont tous cette origine, et chaque année cette dépendance commerciale s'accroît par la force des choses. Bien plus, des ouvriers marocains, par dizaines de milliers, ont pris l'habitude d'aller travailler comme bûcherons, cultivateurs, bouviers et manœuvres dans l'Algérie voisine et se rattachent ainsi économiquement à la civilisation européenne : il n'y aurait qu'à laisser agir sans aucune pression extérieure les influences naturelles du simple contact pour que, chaque année, le Maroc s'européanisât davantage ; toute guerre de conquête ne pourrait que retarder le mouvement, en ajoutant la haine, la rancune, le désir de la vengeance, aux sentiments déjà hostiles qui naissent de l'idée de supériorité religieuse, car le musulman, adorateur du dieu unique, méprise volontiers le « chien de Roumi », celui qui n'a pas moins de trois dieux en un seul, ainsi qu'une déesse-mère, à moins, chose plus grave encore, qu'il ne reste indifférent à toute idée ou pratique religieuse.

L'européanisation et plus spécialement la francisation automatiques du Maroc s'accompliront d'autant plus vite qu'elles seront aidées par la construction de voies ferrées. A cet égard, le chemin de fer qui se poursuit jusque dans le désert à Figuig et au-delà, a déjà fait merveille. Les gens des oasis, que les brutalités militaires avaient d'abord incités à la guerre, se laissent volontiers séduire par les appâts d'un trafic fructueux, et c'est maintenant à revers, par dessus les cols du Grand Atlas, que se fait l'investissement commercial du Maroc. Mais la principale porte d'accès qui donne entrée dans l'empire de l'occident, c'est du côté de la frontière algérienne, l'avenue large qui s'ouvre par Oudjda dans la direction de Fez, entre les monts du littoral et l'Atlas proprement dit. Le va-et-vient des migrations et du commerce s'est toujours fait par cette vallée médiane, et c'est par là que devra passer forcément la continuation du chemin de fer longitudinal de la Maurétanie, entre le golfe des Syrtes et l'Atlantique : c'est donc par l'intérieur des terres, parallèlement à la côte, que se développe l'axe normal du mouvement humain, la voie historique des Berbères et des Romains, des Vandales et des Bysantins, des Arabes et des Français.

Elisée Reclus.

Bruxelles, le 30 juin 1901.

M. le Commandant Tournade,

député de Paris.

1° Que pensez-vous de la pénétration pacifique ?

Tout homme sensé, quelque peu au courant du monde musulman, doit reconnaître que la pénétration pacifique au Maroc est une œuvre à long terme. Prétendre, par exemple, qu'il suffira d'y envoyer des explorateurs civils ou militaires, des ingénieurs, des instituteurs, etc., pour y faire adopter nos méthodes d'enseignement, d'assiette d'impôts, de langage ou d'extraction de minerais, ne peut germer que dans le cerveau d'enthousiates chez lesquels l'ignorance égale une ardeur imprudente.

Evidemment, une armée nombreuse envahissant le pays pourrait croire aller plus vite en besogne ; mais elle s'apercevrait bien vite que son rôle serait stérile, dans un pays aussi dissemblable à lui-même que le Maroc, suivant qu'on opère en plaine ou dans les massifs montagneux. Dans un cas comme dans l'autre, l'ennemi est insaisissable, en raison de sa mobilité extrême en terrain plat, et de l'impossibilité de l'atteindre rapidement dans les parties boisées et montagneuses. Et alors les sacrifices énormes que s'imposerait la France auraient le double inconvénient d'éterniser une conquête fugitive, et de mécontenter les puissances européennes sans calmer l'effervescence de l'occupant marocain. On n'endigue pas facilement les sables mouvants, à plus forte raison des tribus qui luttent pour leur indépendance et qui ne peuvent comprendre que c'est le bien-être et la civilisation qu'on leur apporte à coups de fusils. Donc l'action militaire immédiate doit être écartée à tout prix ; d'ailleurs 100.000 hommes ne suffiraient pas pour venir à bout d'un territoire aussi immense, et après qu'on aurait terrorisé le pays au prix de bien des vies humaines et de plusieurs centaines de millions, on serait bien obligé ensuite d'aboutir au même point de départ, à savoir administrer le pays. C'est donc par là qu'il faut commencer, avec l'aide, si l'on peut, des tribus intéressées. Toutes, en effet, ne sont pas belliqueuses et pillardes. Appliquons-nous donc à frapper leur esprit par les avantages que nous leur apporterons, en leur donnant les moyens de sortir de la vie misérable qu'elles mènent et en leur inspirant surtout confiance.

Il ne faut pas se dissimuler que l'œuvre sera longue. Il faut aussi nous convaincre que nous rencontrerons des résistances. Celles-ci seront de deux sortes :

Ou bien irréductibles et basées sur le fanatisme musulman ; et alors il faut du doigté joint à une grande fermeté ; c'est la partie de la tâche la plus ingrate et la plus difficile.

Souvent, en effet, le succès, avec ces gens-là, dépend de l'énergie et de la rapidité avec laquelle les mesures décidées sont exécutées. L'Arabe sait toujours profiter d'un mouvement d'hésitation ou de faiblesse de son adversaire. Il s'incline devant la force ; c'est à nous de savoir choisir les premiers pionniers de cette entreprise.

Ou bien, au contraire, la résistance rencontrée ne sera que de la méfiance, et alors c'est encore à nos émissaires à savoir se faire tolérer d'abord, apprécier et aimer ensuite.

Un danger m'apparaît pourtant. Il arrivera fatalement qu'une ou plusieurs de nos missions pourra être attaquée par un fanatique quelconque ; il pourra même y avoir guet-apens et mort d'un des nôtres. Ceux qui, comme moi, connaissent le caractère arabe, seront d'accord qu'il faut que la répression soit vigoureuse et surtout immédiate, mais il faut savoir la limiter, cette répression, et ne frapper que les coupables. Dans le Sud-Oranais, nous n'arrivions à maintenir l'autorité française, sans soldats pour l'appuyer, que par ce seul moyen : la justice égale pour tous. Nous avions le peuple pour nous, parce que le plus pauvre savait que, devant nous, il avait les mêmes droits que son chef arabe hiérarchique. C'est avec ce seul principe qu'il faut pénétrer, si on veut gouverner plus tard au Maroc.

Et j'avais bien raison de dire tout à l'heure que là était le danger. Car quand une petite expédition est décidée pour venger la mort de quelques victimes lâchement entraînées dans un guet-apens, qui sait où pourra s'arrêter cette petite colonne ? Qui peut prévoir où pourra l'entraîner sa mission limitée d'avance sur le papier, mais souvent illimitée suivant les obstacles qu'elle rencontre en route ?

Il sera donc prudent que nous arrivions à asseoir en des points déterminés quelques stations militaires, faisant office de gendarmerie mobile, afin qu'on sache dans un rayon assez vaste que la répression est toute prête, en cas d'offense et de traîtrise systématiques.

La première partie de l'opération de la mise en valeur du Maroc devra se limiter au territoire de l'Ouest, c'est-à-dire à la partie du versant de l'Atlantique, partie qui accepte en général l'autorité du sultan actuel. Attaquant ainsi le problème par l'Ouest, nous reviendrons petit à petit sur nos pas en marchant vers notre frontière oranaise. Puis, simultanément mais plus lentement, nous avancerons progressivement de Tlemcem, Nemours, Lalla-marnia, Oudjda vers l'ouest et nous rétrécirons insensiblement l'immense territoire qui, pris ainsi entre deux feux « de civilisation », finira par se laisser gagner au contact des bienfaisants effets de notre administration.

Quant à la partie Sud, les excellentes mesures prises récemment dans le Sud-Oranais réduiront peu à peu à l'impuissance les tribus qui ne vivaient que de brigandages sur notre frontière jusque-là incertaine. Le chemin de fer fait son œuvre ; il apporte avec lui le progrès et, par suite, le développement et l'emploi des activités humaines. Aucun peuple n'est rebelle au salaire ; l'appât du gain pour les indigènes est un levier puissant, sachons, là comme ailleurs, nous en servir.

Les capitaux ne manqueront pas, car nous avons rompu avec la méthode néfaste des sociétés constituées sans but défini et sans études préalables suffisantes. Le goût des entreprises industrielles et commerciales est heureusement revenu parmi nos capitalistes ; on se porte bien plus qu'autrefois vers le nouveau ; c'est de bon augure pour le rôle fécond que nous sommes appelés à jouer sous peu au Maroc.

2° Qu'est-ce que la France doit accorder à l'Espagne et au Maroc? ainsi qu'aux autres puissances?

Il est fort aisé de comprendre que l'Espagne ait vu d'un œil attristé la désignation faite de la France comme champion de pénétration européenne au Maroc. Mais l'Espagne réfléchira avant de vouloir nous entraver dans ce rôle. Est-elle en effet en situation d'agir en notre lieu et place? Son épuisement après la guerre de Cuba et des Philippines ne lui permet pas de se substituer à nous. Et puis n'a-t-elle pas tout à gagner à nous voir faire ce qu'elle est impuissante elle-même à réaliser ? Les présides et les territoires qu'elle possède au Maroc lui sont maintenus ; que peut-elle demander de plus ? Qui l'empêche, après tout, de faire de Melilla et de Ceuta deux grands ports de commerce ? Et pourquoi, depuis si longtemps qu'elle est propriétaire au Maroc, n'a-t elle pas donné plus de valeur commerciale et politique à ses possessions marocaines ? Nous n'avons évidemment pas à lui reprocher de ne pas l'avoir fait, mais enfin, puisqu'elle ne l'a pas fait, pourquoi viendrait-elle nous demander sa part d'un partage qui n'existe pas ? Si, à un moment donné, la question du partage de la Chine a pu être posée, jamais celle du partage du Maroc n'a été en cause. L'Espagne récoltera tout naturellement le bénéfice de la liberté rendue plus facile à toutes les nations de trafiquer avec le Maroc. Sa population méridionale traversera la Méditerranée et viendra s'établir avec plus de sécurité dans ses propres possessions, ou, comme elle l'a fait dans la province d'Oran, sur des points inconquis par elle, mais ouverts aux Européens, grâce à nos efforts et à nos sacrifices. C'est à notre diplomatie à démontrer cette évidence à l'Espagne. Notre traditionnelle amitié avec cette puissance l'aidera dans cette tâche.

Ce que nous accorderons au Maroc ? ajoute le questionnaire. Il me semble avoir déjà répondu plus haut à cette question. Nous lui donnerons les moyens de subsister et de se régénérer. Nous y ferons entrer, avec nous, l'ordre au lieu de l'anarchie, la bienfaisance de nos méthodes de culture et d'élevage au lieu des procédés barbares et rudimentaires qui ne font presque rien produire à la terre ; enfin nous indiquerons à ces populations les richesses qu'elles possèdent dans leur sol même, et dont elles ne se doutent pas, faute d'une instruction suffisante. En un mot, nous ouvrirons à tout un peuple l'ère d'un bien-être plus grand par le travail, et d'une émancipation plus complète par la liberté. En commençant et en menant à bien cette entreprise grandiose, nous aurons bien mérité de l'humanité.

Que devons-nous aux autres puissances ?

Le droit de peupler un pays neuf où l'immigration peut être accordée à tous. En laissant à tous les peuples le droit d'y introduire leurs marchandises de toute nature, n'aurons-nous pas ouvert à toutes les nations des marchés nouveaux ? Et serait-il juste que, faisant tous les frais de l'entreprise, nous n'ayons travaillé que pour autrui ? Nous verrons plus tard si notre sécurité nous permet d'accorder des points de la côte ; pour le moment restons dans les limites de l'accord conclu entre nous et l'Angleterre, accord contre lequel aucune puissance ne s'est élevée jusqu'ici.

3° Quelles sont les cultures susceptibles de se développer au Maroc?

N'ayant point toutes les compétences, je n'oserai pas m'ériger en professeur d'agriculture. Le peu que je connais du Maroc me permet pourtant de dire que ce sol vierge donnera ce qu'on lui demandera. Qu'y a-t-il donc lieu de lui demander ? Si j'observe que la France est loin de se suffire en blé, il semble que c'est principalement la culture des céréales qu'il faut encourager : blé, orge, maïs, trouveront facilement leur placement rémunérateur, puisque l'éloignement, et, par suite, le transport, en sera moins grand que celui des pays d'où nous tirons ces denrées indispensables.

Une faute, qu'on ne commettra pas, j'espère, serait d'y encourager la culture de la vigne. Notre Algérie a traversé à ce sujet une période qui a failli lui être fatale. On en avait tellement planté en Algérie que l'âge d'or paraissait être venu, mais il ne suffit pas de produire des quantités énormes, il faut encore en trouver l'écoulement. Et l'Algérie et la Tunisie étaient arrivées à produire des quantités de vins telles que bon nombre de propriétaires se trouvaient ruinés pour avoir trop produit sans écoulement. Ce serait donc une faute grave à mon avis que de vouloir, pour l'appât d'une surproduction facile dans un sol vierge, se livrer au Maroc à la culture en grand de la vigne.

Mais ce qui devra préoccuper également les organisateurs de ce pays, c'est l'élevage en général, et en particulier celui du mouton. Perfectionner la qualité de la laine est un problème qui parait fort simple en apparence, et qu'on n'a pas encore résolu complètement, même en Algérie. Et puis, il y a aussi les procédés d'exploitation de la laine à indiquer et à vulgariser. La tonte se fait encore chez les Arabes d'une façon déplorable, et les ventes se ressentent de leur procédé rudimentaire.

Je laisse d'ailleurs cette question des cultures et de l'élevage à de plus compétents que moi ; mais je ne doute pas qu'elle n'appelle l'attention des spécialistes, car elle formera longtemps encore, on pourrait dire toujours, la principale occupation de la population du Maroc, nomade ou sédentaire.

4° Quelle est la valeur minière du pays ?

Là encore je me borne à dire le peu que je sais.

On prétend ce pays d'une richesse inouïe au point de vue minier. J'ai bien peur que cette légende ne cause bien des désillusions. Quand on traverse la frontière qui sépare l'Oranie du Maroc, on trouve que le sol a le même caractère des deux côtés de la frontière. Par conséquent, ce qu'on trouve dans la province d'Oran, on continue à le trouver dans cette partie du Maroc, ce qui n'a rien de surprenant, étant donnée la configuration orographique du sol. Mais cela veut-il dire que ces mines soient riches ? Pour l'Est du Maroc, je ne le pense pas. On trouve du plomb argentifère, et même du cuivre argentifère, assez facilement, mais la proportion d'argent ou de cuivre est tellement faible que l'exploitation n'y trouverait qu'un rendement presque insignifiant.

Je veux croire que sur le versant de l'Atlantique la richesse du sous-sol est plus grande, mais qui peut l'affirmer ? On ne pénètre pas facilement au Maroc, et peu d'ingénieurs, je crois, ont été autorisés à faire des fouilles sérieuses. De sorte qu'il est possible qu'on trouve des mines dans tous les massifs montagneux ; il est même possible aussi qu'on trouve des gisements de métaux nombreux, mais on sera peut être amené à conclure plus tard que ces mines n'ont pas grande valeur, et que leur richesse en minerai pur est assez maigre.

Je désire vivement me tromper, mais vous me demandez mon opinion, je vous la donne.

5° *Devons-nous enfin, selon l'expression d'Onésime Reclus, lâcher l'Asie, garder l'Afrique ?*

Ma réponse à cette dernière question sera des plus catégoriques. Pourquoi donc abandonner Tonkin, Cochinchine et Annam ? Comment ! nos efforts, nos sacrifices en hommes et en argent aboutiraient à un abandon en Asie parce que la question du Maroc, latente depuis longtemps, vient de se poser d'une façon plus immédiate ! Est-ce que l'Angleterre, par exemple a « lâché » les Indes parce qu'elle s'est taillé un nouveau domaine au Sud de l'Afrique ?

Et puis, on pourrait dire alors que ce serait peut-être lâcher la proie pour l'ombre. Qui peut garantir que nous réussirons au Maroc ? Et alors, si nous échouons, nous aurons perdu l'Asie, sans avoir obtenu ou conquis une compensation en Afrique. Non, ce n'est pas ainsi qu'il faut poser la question. Il faut nous demander si notre empire colonial ne s'est pas démesurément agrandi depuis 30 ans et si nos ressources, notre population, nous permettent d'augmenter et surtout d'exploiter et de conserver un pareil domaine. Là, il y a évidemment matière à discussion. Seulement, pour bien étudier la question, il faut le faire *comparativement*. Il faut rechercher ce que les autres puissances ont fait elles-mêmes depuis 30 ans. Or la réponse est facile : avec le temps les idées ont marché ; les nations ont toutes cherché des débouchés nouveaux à leur activité commerciale ou industrielle. L'attrait de l'inconnu, le besoin de se répandre, ont lancé les explorateurs un peu partout, là où il y avait de l'inconnu. Des richesses inexploitées ont apparu aux uns, des points d'appui et des dépôts de charbon ont été reconnus nécessaires aux autres ; le nombre des navires qui sillonnent les mers a augmenté chez presque tous les peuples ; d'où la nécessité d'exploiter des contrées nouvelles pour en tirer des produits du sol ou pour y répandre ceux de la mère-patrie.

Ne pas marcher à son rang dans cette course vers la concurrence, c'est reculer. La France ne peut pas, ne doit pas reculer. Abandonner ce qu'on possède, sans compensation certaine, c'est un suicide partiel ; c'est laisser le champ libre aux autres nations, c'est déchoir. La France d'aujourd'hui doit penser à l'empire colonial qu'elle a perdu il y a plus d'un siècle... Elle doit tout faire pour maintenir son rang parmi les puissances qui s'affirment chaque jour davantage, par leur marine, par leur commerce ou leur industrie.

Comt H. Tournade,
Député de Paris.

Henri Turot

Conseiller municipal de Paris.

Mon cher confrère,

Le temps me manque pour développer ma pensée et je suis obligé de la résumer en style nègre, ce qui d'ailleurs peut s'excuser en matière coloniale.

Oui, je crois à la possibilité d'une pénétration pacifique et je suis persuadé que les indigènes sont très capables d'apprécier la différence entre une politique coloniale qui leur apportera la prospérité, et les expéditions militaires qui leur font connaître nos fusils et nos canons.

En ce qui concerne l'Espagne, il y aurait évidemment des satisfactions à lui donner s'il s'agissait du *partage* du Maroc. Mais il est seulement question d'une *influence* décisive à exercer ; cette influence ne saurait être partagée et je ne vois pas la nécessité de traiter avec l'Espagne *à propos de la question du Maroc*.

Enfin, ce serait folie, à mon sens, de « lâcher l'Asie ». Pas un de ceux qui, comme moi, ont admiré le merveilleux effort réalisé par nous en Indo-Chine, ne pourrait sans démence émettre un tel avis.

Sentiments confraternels et dévoués,

Henri TUROT.

Un anonyme.

A un général très connu, autant pour ses faits de guerre que pour son style, M. Marcel Ruedel avait adressé le billet suivant :

Mon Général,

Les *Annales Coloniales* commencent une enquête très détaillée sur le *Maroc*. — A vous, je viens demander tout simplement : Croyez-vous à la *conquête pacifique* du Maroc ? Que pensez-vous de cette pénétration ? Est-elle possible ?

En vous remerciant, etc.

Marcel RUEDEL.

Voici sa réponse écrite en marge de la lettre :

Monsieur,

Je n'en crois pas un mot. — Quant à la conquête par les armes, nous aurons contre nous les tribus les plus hostiles, les plus fanatiques, les mieux placées et armées, et il faudra une armée de cent mille hommes peut-être. — La gaffe ne laisse rien à désirer, telle qu'elle est conçue (opinion d'un anonyme, mais non aveugle) peut-être cette gaffe est-elle préparée depuis cinq ans.

Il faut inscrire au passif toutes difficultés qui nous viendront d'extérieur. *Casse-cou...* (anonyme), s.v.p. — et sans insistance aucune, ne tenant aucune queue de poêle.

Quel que soit le désir de capturer un taureau, mieux vaut attendre quand on ne peut l'aborder que par les cornes.

Salutations.

Et au dos de l'enveloppe les deux lignes suivantes :

Résumé. — Ce ne sera, dans aucun cas, une affaire de tout repos, excepté pour les *tripoteurs.*

Le Vicomte M. de Vogüé

De l'Académie française.

Je pars demain pour retrouver ma femme en Suisse, mon cher Ruedel ; j'ai été très bousculé durant ces derniers jours ; excusez-moi si je n'ai pu vous adresser la consultation que vous me demandiez.

*

Que dire, d'ailleurs, en ce moment, sur la question marocaine ? Développer les clichés habituels, « pénétration pacifique, pénétration économique, etc... » Ce sont de beaux thèmes oratoires. Je ne serais certes pas partisan d'une action militaire, dangereuse, coûteuse, inopportune. Mais je crois qu'on ne fera rien d'efficace si l'on ne se décide pas à pousser rapidement des voies ferrées dans les régions que nous entendons soumettre à notre influence. Tout ce que j'ai vu de l'action russe en Asie centrale, tout ce que je sais de l'action anglaise en Afrique et ailleurs, tout me persuade que la locomotive est le seul moyen de pénétration qui donne des résultats prompts et sûrs. On ne veut pas le comprendre chez nous ; on recule avec effroi devant la dépense nécessaire pour jeter des rails sur les terres que l'on prétend acquérir ; on calcule mal, comme on l'a fait au Sénégal-Niger ; les rapports du général de Trentinian prouvent surabondamment que les frais de ravitaillement des colonnes se sont élevés, en quelques années, au double de ce qu'eût coûté une ligne ferrée reliant les deux fleuves, si elle eût été construite dès le jour où nous fîmes des établissements sur le Niger. A notre place, le lendemain même de la signature du traité qui nous a délié les mains au Maroc, des Russes ou des Anglais auraient jalonné, sans perdre un jour, l'amorce d'une voie ferrée, sauf à la rectifier, à l'améliorer plus tard; ils auraient prouvé, en marchant, que le chemin de fer n'est pas, comme on s'obstine à le croire chez nous, le complément d'une assimilation coloniale, mais le premier instrument et le créateur même de cette assimilation. Il économise du sang et de l'argent ; il se fait accepter des musulmans beaucoup plus facilement que les autres moyens de domination ; mais nos routines font qu'il est loisible à un gouvernement de mettre en branle, sous sa propre responsabilité, une division, un corps d'armée, et qu'il lui est presque impossible de mettre en mouvement une centaine de millions, pour une opération équivalente et moins dangereuse.

Prêchons quand même dans le désert, et bien à vous.

E. M. de Voguë.

M. Jules Godin

Sénateur de l'Inde, président du groupe colonial du Sénat.

Mon cher Directeur,

Vous me demandez mon sentiment sur la situation respective de la France et de l'Espagne au Maroc, et en particulier quelles satisfactions devraient être données à cette dernière puissance.

Je vous avoue que la discussion de cette question ne me paraît guère opportune ; nous sommes et nous tenons à rester dans les meilleurs termes avec l'Espagne. L'intérêt respectif des deux pays le commande Cette question du Maroc, prise comme vous l'indiquez, pourrait jouer, entre nous, le rôle d'une pomme de discorde.

Le Président du Conseil des Ministres espagnols a indiqué aux Cortès les sentiments du Gouvernement et a formulé des revendications, et ces revendications aboutiraient à modifier le *statu quo*.

Or, en ce moment, d'après les traités signés, nous avons pris l'engagement formel de ne rien changer à l'état politique du Maroc. Nous ne pouvons et ne devons rien faire qui ressemble à un partage de ce pays.

Contredire les opinions émises en Espagne, affirmer des contre-prétentions territoriales, c'est surexciter des sentiments opposés, faire naître des défiances sans résultat utile et pratique.

En ce moment, moins nous ferons de polémique sur ces questions et mieux cela vaudra. Laissons les diplomates causer des intérêts réciproques et les esprits calmes faire leur œuvre. Peu à peu, les vues d'avenir des uns et des autres pourront se préciser, se pénétrer et amener une entente qui est à souhaiter et qu'il faut laisser au temps le soin de préparer. Le champ est encore assez vaste à ceux qui voudront étudier le développement de notre politique au Maroc.

Croyez, mon cher Directeur, à mes sentiments dévoués.

Jules Godin.

Le Comte Henry de Castries.

Le Chillon, 10 Juillet 1904.

Mon cher Directeur,

Je réponds à celles de vos questions qui me paraissent susceptibles d'être traitées sans risquer de contrarier l'action gouvernementale.

1° *La conquête pacifique du Maroc est-elle possible ?*

Je n'hésite pas à répondre affirmativement. Sans doute, une telle conquête n'est pas dans nos traditions nationales, elle est extrêmement délicate, mais il y a assez de ressource dans l'initiative française pour ne pas concevoir d'inquiétude sur la réussite de cette tâche. Le mot « conquête pacifique » a d'ailleurs besoin d'être précisé. Il veut dire dans ma pensée que la France n'a pas à recourir à la force des armes dans son action vis-à-vis du sultan et du makhzen, en un mot vis-à-vis du pouvoir établi. Ce pouvoir, dont la fragilité nous fait parfois sourire, est, on ne saurait trop le répéter, l'unique levier d'une politique quelconque au Maroc. C'est donc avec douceur, mais avec fermeté, que nous entreprendrons la conquête pacifique du sultan et par lui nous réaliserons celle du *blad el-makhzen.*

Contre le pays insoumis ou indépendant, contre le *blad es-siba*, il ne peut être évidemment question d'une action pacifique. Mais l'occupation de ces régions ne s'impose pas immédiatement et nous pouvons exercer notre hégémonie sur un Maroc divisé en *blad el-makhzen* et *blad es-siba.* Nous avons toujours le tort de ne concevoir pour nos possessions que le type parfait des États unifiés tels qu'ils sont arrivés à se constituer après des siècles de luttes. Les protagonistes de la conquête militaire ont un plan méthodique de campagne qui amènerait la soumission complète du pays, de la Moulouia à l'Atlantique et de la Méditerranée au Sahara.

Les voies et moyens diffèrent peu, l'opération militaire n'étant pas très compliquée et présentant *a priori* beaucoup moins de difficultés que nos autres expéditions coloniales, à cause de la proximité de la métropole et de la base d'opérations que nous fournit l'Algérie. Il n'en est pas moins vrai que cette opération serait coûteuse. Inutile au reste de la discuter puisque l'accord franco-anglais ne nous donne pas la faculté de conquérir le Maroc

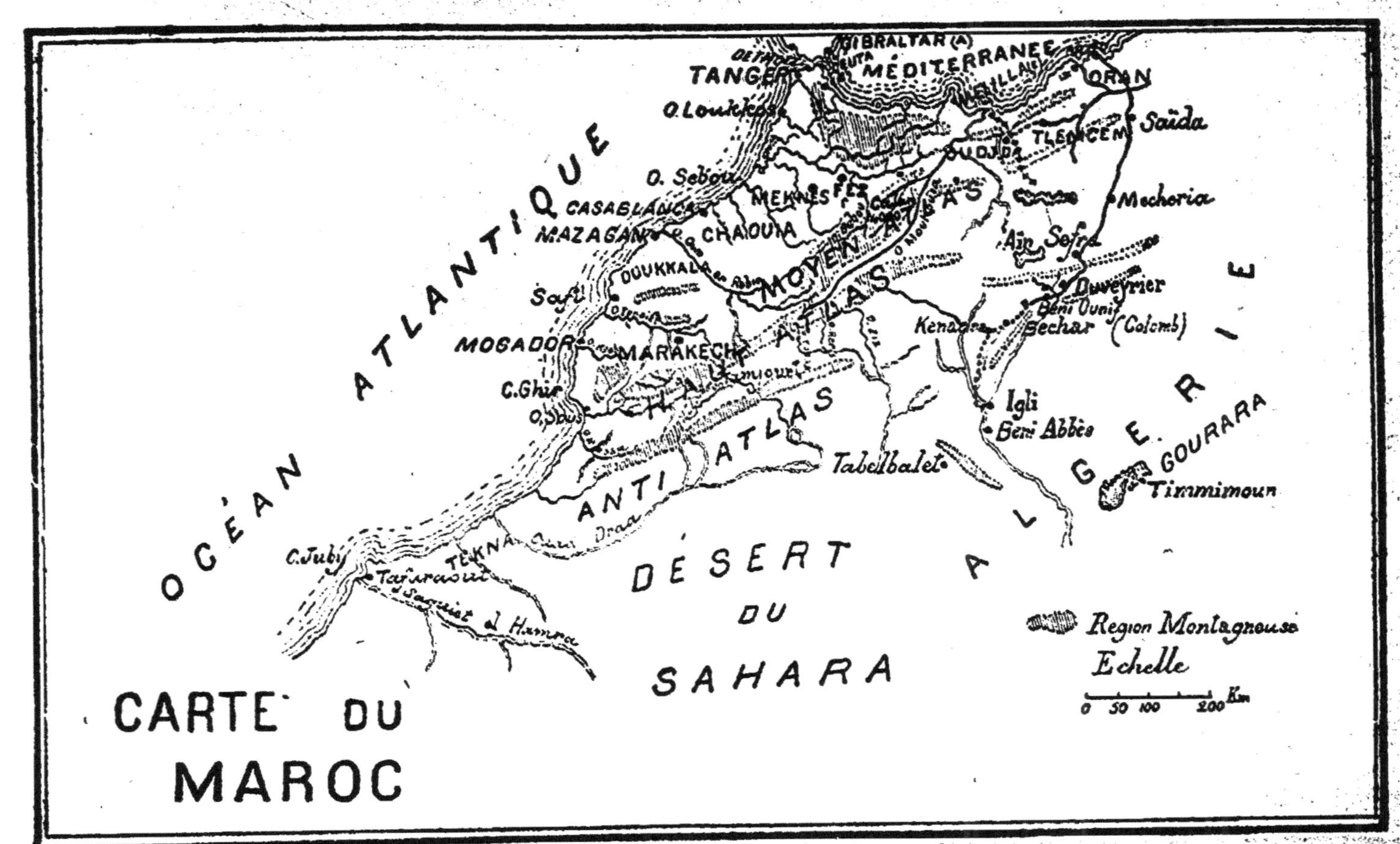

CARTE DU MAROC
OCÉAN ATLANTIQUE
MÉDITERRANÉE
GIBRALTAR (A)
TANGER
O. Loukkos
O. Sebou
CASABLANCA
MAZAGAN
CHAOUIA
MEKNES
FEZ
OUDJDA
TLEMCEN
ORAN
Saïda
Mecheria
Aïn Sefra
DOUKKALA
Safi
MOGADOR
MARAKECH
MOYEN ATLAS
HAUT ATLAS
ANTI ATLAS
C. Ghir
C. Juby
TEKNA
Draa
Tafaraout
Saguiet el Hamra
Kenadsa
Duveyrier
Beni Ounif
Bechar
(Colomb)
Igli
Beni Abbès
Tabelbalet
GOURARA
Timmimoun
DÉSERT DU SAHARA
ALGÉRIE
Region Montagneuse
Echelle
0 50 100 200 Km

par la force des armes. Sachons donc profiter de la situation qui nous est faite, au lieu de récriminer sur celles que nous n'avons pas.

En dehors même de ces considérations, il reste à savoir si, libres de nos moyens et de nos méthodes, le procédé de la pénétration pacifique, de la collaboration avec le makhzen ne serait pas encore le meilleur et le plus économique à employer.

Pour revenir au *blad es-siba*, je dis que sa soumission ne doit pas être une de nos préoccupations immédiates. Ce pays insoumis est d'ailleurs loin d'être également irréductible. Parmi les tribus qui le composent, il en est qui, subissant la contagion du voisinage, demanderont à partager le sort des tribus du *blad el-makhzen*. Certaines fractions, au contraire, se retrancheront dans leurs montagnes afin de lutter pour leur indépendance. Il nous faudra, à une époque plus ou moins lointaine, les réduire et faire contre elles une opération analogue à la campagne de la Grande Kabylie. Rappelons que celle-ci n'eut lieu qu'en 1859, près de trente ans après notre installation en Algérie. Il est bien entendu que, dans cette action militaire, notre rôle de collaborateur du makhzen nous autoriserait à envoyer au sultan un ou deux bataillons alpins, ce qui simplifierait les opérations en montagne.

2° *Quelle part doit-on faire à l'Espagne ?*

Cette question est de celles sur lesquelles il convient de garder un silence prudent. Je dirai seulement que le Maroc me fait songer à cet enfant que réclamaient, chacune comme le sien, les deux femmes venues devant le tribunal de Salomon. La vraie mère fut celle qui ne voulut pas consentir à voir couper en deux la chair de sa chair.

Quelles compensations pouvons-nous accorder aux autres puissances ?

Cette question est aussi délicate que la précédente ; elle réclame toute l'œuvre patiente de la diplomatie, et une solution simpliste mise en avant ne ferait que compliquer les négociations.

Quelle est la valeur économique du Maroc ?

Pour la valeur économique, le Maroc est très supérieur à l'Espagne. C'est, comme on l'a dit, une Algérie où il pleut, c'est une Algérie sans les steppes des hauts plateaux, c'est la plus riche contrée de l'Afrique barbaresque. Le proverbe arabe : « La terre est un paon, le Maroc en est la queue » fait connaître, dans son exagération orientale, l'appréciation indigène. A côté d'elle, on peut citer toutes les relations des voyageurs. Au XVIe siècle, l'Europe tirait des ports de Agadis, Safi, Mazagan, Salé, etc., du sucre du cuivre, du salpêtre, du pastel, etc., sans parler des céréales et autres produits agricoles. Comme tous les pays peu civilisés, le Maroc, au début de la pénétration européenne, ne pourra exporter que des matières premières, mais, quand on y aura créé des usines, il pourra fabriquer la plupart des objets de l'industrie européenne. Je termine par ce passage d'un rapport du XVIIe siècle : « Après avoir encore observé que si ces Païs étaient en toute autre main que de ces Infidèles, écrivait Pidou de Saint-Olon, il y aurait de quoi en faire un Estat délicieux et florissant, tant par sa propre situation et par la beauté et pureté du climat que par la fécondité et qualité de ses habitants sains et robustes, par la fraîcheur et la douceur de ses eaux, par l'abondance et la bonté de ses pâturages, par celle des terres qui produisent presque d'elles-mêmes et qui seraient d'une fertilité merveilleuse, si l'on prenait soin de les cultiver ; par le mélange utile et agréable de ses contrées en bois, plaines, coteaux, montagnettes et valons, par le bon goût de ses légumes, de ses fruits et de ses vins et par la facilité du commerce et transport de toutes ses denrées ».

Comte Henry de Castries.

M. Paul Leroy-Beaulieu,

Membre de l'Institut.

Monsieur et cher confrère,

Votre lettre du 2 juillet est arrivée pendant que j'étais aux eaux.

Vous aurez l'idée de mon opinion sur l'action de la France au Maroc par l'article que j'ai publié, il y a environ trois semaines, en tête de l'*Economiste* à ce sujet.

Je suis très nettement défavorable à la prétention de la France d'établir une sorte de protectorat au Maroc. C'est, à mon sens, un danger colossal pour notre situation tant coloniale qu'européenne.

Recevez, mon cher confrère, l'assurance de mes meilleurs sentiments.

Paul Leroy-Beaulieu.

M. G. Gerville-Réache

Vice-président de la Chambre des Députés.

Mon cher Directeur,

Au moment où votre questionnaire sur le Maroc arrive en temps utile pour recevoir une réponse, je suis bien loin de Paris, sans un document, sans une note. Je ne puis donc que vous envoyer des impressions générales.

Le Maroc est un pays qui paraît très riche, mais qui est insuffisamment connu. Ce que l'on en a vu et ce que l'on en sait font concevoir de belles espérances sur son avenir.

J'ai des amis qui y ont fait des voyages d'exploration économique et qui en disent beaucoup de bien. Ils ont foi dans ses destinées économiques et ils comptent utiliser leurs renseignements personnels.

Le Sultan et les chefs indigènes sont rien moins qu'unis. Cependant, la paix de ce pays n'est possible qu'à la condition de trouver une organisation politique : unité ou fédération, qui ramène l'harmonie entre le souverain et ses puissants sujets.

La République ne doit pas recourir à la force pour pénétrer au Maroc, car elle ferait l'unité contre elle et déchaînerait une population très guerrière contre ses armes et ses couleurs. — Elle doit, à mon sens, inspirer confiance à toutes les autorités indigènes, les consolider, établir entre elles le lien hiérarchique qui constitue une organisation politique. Elle prendra ainsi l'ascendant moral en même temps qu'elle organisera la force publique chargée d'assurer sa sécurité intérieure.

La République peut, sur ses frontières algériennes, s'entendre directement avec les chefs marocains, tout en ménageant l'amour-propre du souverain. Elle doit aider le souverain comme elle aide celui de la Tunisie, jusqu'au jour où le Maroc verra que son intérêt est d'accepter franchement le régime de la Tunisie.

Je crois que tout cela se doit faire pacifiquement, sauf, bien entendu, les opérations de police que peuvent nécessiter la paix sur les frontières algériennes et la protection du Sultan contre ses sujets révoltés.

Votre bien dévoué, G. GERVILLE-REACHE.

M. E.-F. Gautier

Chargé de cours à l'Ecole supérieure des lettres.

Monsieur,

Il est bien tard pour répondre à votre lettre du 24 juin que j'ai reçue à une date très postérieure, par suite de circonstances indépendantes de ma volonté comme de la vôtre.

Je suis surchargé de besogne et il m'est impossible de vous répondre longuement.

C'est d'ailleurs du Sahara que je me suis occupé, et non du Maroc.

Je regrette seulement de n'avoir pas le temps de m'étendre sur la besogne intéressante qui se fait en ce moment dans la région de Figuig, sous la direction du général Lyautey. Assurément, on ne peut aborder le Maroc par là. — Mais il s'y est fait, dans les six mois écoulés, une expérience concluante et comme un stage. Dans ce coin perdu, un des plus difficiles et des plus indépendants de tout l'empire, nous sommes arrivés à établir, sans semer de haines, une police déjà efficace. On finira sans doute par conclure que ce qui est possible ici doit l'être ailleurs.

Agréez, E.-F. GAUTIER,

Alger... Chargé de cours à l'Ecole Supérieure des Lettres.

M. Camille Fidel

chargé de missions par la France Coloniale Moderne, le Comité du Maroc et la Société de Géographie d'Oran.

Mon cher Directeur et ami,

Au questionnaire que vous me faites l'honneur de m'adresser, je répondrai par les impressions récentes d'un voyageur qui a voulu se rendre au Maroc pour éclairer son jugement et se faire sur place une opinion plus exacte d'une question que l'on aurait grand tort d'aborder avec des idées préconçues et des formules abstraites, et en négligeant de s'entourer des avis des personnes autorisées qui, par leur long séjour au Maroc, ont acquis une connaissance approfondie des hommes et des choses. En outre, élargissant le cadre de cette consultation, j'essaierai de vous donner, d'après les renseignements que j'ai recueillis, un aperçu de la situation matérielle et morale de la France au Maroc.

I. La Pénétration Pacifique.

Débarqué à Tanger, tout imbu de nos idées parisiennes de pénétration pacifique, j'ai rencontré plus d'un sourire sceptique. En effet, le principe, excellent théoriquement, n'est pas applicable au Maroc sans un correctif ou, plus exactement, un complément. Ce qu'il nous faut, c'est une *pénétration pacifique, mais armée*. Cette formule n'a rien de paradoxal. Personne ne veut d'expédition militaire, c'est entendu, bien que la conquête du Maroc me semble devoir être une entreprise beaucoup moins pénible qu'on ne le croit généralement. Mais entre la conquête militaire et la pénétration pacifique pure et simple, condamnée par son impuissance à consacrer un « statu quo » intolérable, il y a un juste milieu. Par l'accord franco-anglais du 8 avril 1904, instrument merveilleux si nous savons en tirer parti, la France, la seule nation ayant au Maroc des intérêts vitaux, a assumé une grave responsabilité : elle s'est moralement engagée, vis-à-vis du monde entier, à faire régner l'ordre et la sécurité dans le pays, à y protéger la vie et les biens des Européens et des indigènes, à y rendre possibles le commerce, l'agriculture, l'industrie : la vie en un mot. Et, par une ironie amère, au lendemain de cet acte solennel, se produit l'affaire Perdicaris. Je sais bien, et je suis heureux de le proclamer, que ce n'est point aux cuirassés de l'Amérique, mais aux bons offices de notre diplomatie, admirablement secondée par nos intelligents et dévoués protégés, les Chorfa d'Ouazzan, que l'on doit l'heureuse et relativement prompte solution de cette affaire. Il n'en est pas moins vrai que la France, agissant en qualité de mandataire du monde civilisé, a dû s'incliner devant Raisouli et ne pouvait faire autrement. Or, il est dans l'Andjera des chefs de tribus que les lauriers ...... ou plutôt les douros de Raisouli empêchent de dormir, et de pareils attentats pouvaient se reproduire à tout moment. Non seulement les communications terrestres de Tanger sont périlleuses avec Tétouan, risquées avec El Ksar et Larache, mais même les Européens possédant des villas dans les environs de Tanger n'y étaient plus en sûreté il n'y a pas bien longtemps.

Aussi des mesures sérieuses sont-elles prises en ce moment en vue de mettre un terme à cet état de choses. En dehors de l'envoi à Tanger de deux navires de guerre français, la Légation de France a obtenu l'autorisation d'organiser, dans cette ville d'abord et plus tard dans les autres ports, une police franco-marocaine, en faisant appel aux officiers de notre mission militaire à Fez : le capitaine Fournier, désigné par le Sultan pour organiser la police de Tanger s'acquitte de cette tâche avec succès, assisté du lieutenant algérien Ben Sedira, chargé spécialement de l'artillerie, et de sous-officiers indigènes : les résultats déjà obtenus sont d'un excellent augure pour le rétablissement de la sécurité.

D'ailleurs notre action, militaire et pacifique tout à la fois, peut s'exercer efficacement non seulement par le front ouest du Maroc, mais aussi par la frontière algérienne. Les mesures de protection prises aux confins du Sud-Oranais et du Maroc, que consolide la prolongation du chemin de fer dans la direction du Tafilelt, étendent notre influence et nous font respecter jusque dans les régions de l'Atlas. Au nord de ces montagnes, notre pénétration par Oudjda et Taza vers Fez, à l'aide du chemin de fer projeté, aura des résultats bien plus considérables encore. On sait que deux officiers français résident à Oudjda ; de même un officier français séjourne à Taza. On voit donc que cette pénétration s'affirme par une série de jalons habilement posés, dont le centre est notre mission militaire à Fez (1). Le journal « *Le Maroc* » (15 septembre 1904) croit savoir que le minis-

(1) On peut signaler, dans le même ordre d'idées, le rôle joué auprès du Prétendant par certains Français et Oranais. Ces personnes, n'agissant vraisemblablement qu'à titre privé, pourraient cependant fournir, le cas échéant, des renseignements utiles. D'ailleurs la politique gouvernementale prévoit une action parallèle sur le Makhzen et sur les tribus insoumises.

tre des affaires étrangères provoquera un échange de vues sous sa haute direction entre le ministre de France à Tanger, le gouverneur général de l'Algérie et le général Lyautey, commandant la subdivision d'Aïn-Sefra, afin de faire coordonner tous les efforts en vue d'appliquer la politique d'entente loyale et de collaboration avec le Makhzen.

Quant à l'instruction des troupes du Sultan en vue de renforcer et d'étendre l'autorité du Makhzen, c'est une œuvre de longue haleine, qui ne pourra être menée à bien qu'en étendant considérablement les pouvoirs de notre mission militaire et en encadrant solidement les troupes chérifiennes par des officiers et sous-officiers de notre armée d'Afrique; il est à souhaiter que les éléments algériens,

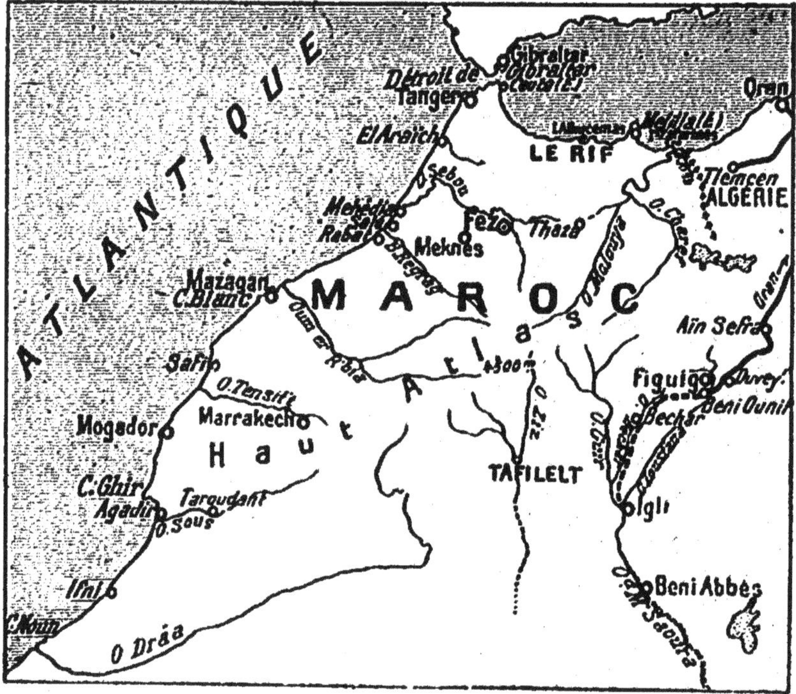

qui formeront la base de cette réorganisation, soient aussi nombreux que possible car ils seront acceptés par les Marocains bien plus facilement que les éléments européens.

Notre intervention ainsi comprise s'impose d'autant plus que les puissances telles que l'Angleterre, les Etats-Unis, l'Italie, qui ont loyalement reconnu notre prépondérance au Maroc et nous ont confié la défense de leurs intérêts, nous pressent d'agir. Certains articles parus tant dans la presse anglaise que dans la presse américaine sont très significatifs à cet égard. Enfin, il faut agir surtout, et je ne saurais jamais trop attirer l'attention sur ce point, pour éviter de voir se substituer à notre action celle de l'Espagne.

II. L'Espagne au Maroc.

On affecte aujourd'hui, et particulièrement en France, de parler avec une certaine complaisance des droits séculaires et imprescriptibles de l'Espagne sur le Maroc affirmés par la possession des « presidios » de la côte méditerranéenne. En ce qui concerne ces prétendus droits historiques, on sait seulement que les efforts multiples et désespérés tentés par l'Espagne depuis des siècles pour étendre le rayon d'action de Ceuta et de Melilla, en un mot pour « *pénétrer* », n'ont abouti à aucun résultat. Actuellement, l'Espagne entretient dans ces « presidios » qui ne lui rapportent rien, des garnisons assez importantes et de nombreux fonctionnaires, pour y voir prospérer le commerce étranger et surtout le commerce français, à un tel point qu'à Melilla, que l'on peut considérer, commercialement parlant, comme un lointain faubourg de Marseille, la France détient la moitié de l'importation et les deux tiers de l'exportation. Les Espagnols n'ont jamais réussi à entrer en contact intime avec les Riffains et les deux peuples se haïssent mutuellement.

Et pourtant aucun pays ne dispose des mêmes facilités que l'Espagne pour asseoir au Maroc son influence économique ; la monnaie espagnole est employée dans tout le pays, et, chose rare, fait prime sur la monnaie marocaine ; si les Espagnols ne parlent pas l'arabe, un très grand nombre d'Arabes et de Juifs, surtout dans le Nord du Maroc, comprennent et parlent l'espagnol ; enfin il y a une population espagnole assez nombreuse dans les ports de la côte, surtout à Tanger. Cependant avec ces incomparables atouts dans son jeu, l'Espagne n'arrive à faire avec le Maroc qu'un commerce insignifiant, portant presque exclusivement sur l'exportation des produits marocains en Espagne, tandis que l'importation espagnole, presque nulle, n'a pas d'autre ambition que celle de pourvoir aux besoins, très restreints, des Espagnols établis au Maroc.

Il est à remarquer que l'immigration espagnole dans ce pays néglige absolument les possessions espagnoles de la côte et se porte vers les ports marocains que l'Espagne ne possède pas. Ce fait ne semble guère témoigner en faveur de l'administration espagnole ; mais il faut ajouter que certains de ces immigrants, dont les antécédents laissent parfois à désirer, se sentiraient peu à l'aise à l'intérieur des presidios. A Tanger, l'agitation anarchiste se répand trop facilement parmi la nombreuse colonie espagnole, ce qui n'est pas fait pour accroître le prestige de l'Espagne. Aussi les négociations franco-espagnoles causent-elles une grande anxiété dans cette ville, étant donnés surtout les bruits d'après lesquels la partie nord du Maroc comprise entre Melilla et l'embouchure du Sebou constituerait la sphère d'influence espagnole (1).

Comme je vous l'ai indiqué dans ma lettre de Tanger, la colonie française de cette ville ne veut à aucun prix d'un régime espagnol qui entraînerait la ruine complète de sa prépondérance commerciale et industrielle. Le maintien du

(1) Ces bruits ne paraissent reposer sur aucun fondement. En effet l'article 7 de la déclaration franco-anglaise du 8 avril 1904 concernant l'Egypte et le Maroc, dispose : « Les deux gouvernements conviennent de ne pas laisser élever des fortifications ou des ouvrages stratégiques quelconques sur la partie de la côte marocaine comprise entre Melilla et les hauteurs qui dominent la rive droite du Sebou exclusivement ». Or l'attribution à l'Espagne, ne serait-ce qu'à titre de zône d'influence, de la partie du Maroc bordée par cette région côtière, entraînerait de la part de l'Espagne certaines mesures d'appropriation tendant à rendre effective sa zône d'influence et ayant un caractère stratégique, ce qui serait en opposition avec les termes de l'article sus-mentionné.

D'ailleurs, il ne semble pas que la France puisse disposer en faveur d'une autre puissance d'une portion quelconque d'un pays dont elle « n'a pas l'intention de changer l'état politique », aux termes de l'article 2 de la même déclaration.

« statu quo », même avec l'insécurité qu'il entraîne, serait infiniment préférable pour nos compatriotes, à la domination d'une puissance qui n'aurait ni la volonté ni les moyens de civiliser et de mettre en valeur les territoires qui lui seraient éventuellement attribués. Je me fais ici l'interprète de l'opinion non seulement des Français établis au Maroc, mais aussi d'étrangers d'autres nationalités, notamment des Anglais. D'ailleurs, beaucoup d'Espagnols et non des moindres n'hésitent pas à reconnaître que leur pays n'est pas en mesure d'entreprendre l'œuvre marocaine. D'autre part, la condition prospère des immigrants espagnols établis en Algérie montre combien la condition, généralement misérable, des Espagnols résidant au Maroc, pourrait être améliorée sous un régime français.

Dans le même ordre d'idées, il est bon de signaler les projets d'entente hispano-allemande en vue de faire échec à notre prépondérance au Maroc, élaborés par M. Saturnino Ximenes, le fondateur du journal *El Africa Española*, organe du « Sindicato Español del Norte de Africa » ; ces projets fantaisistes, exposés dans une longue lettre adressée à la revue allemande *Nordafrika* (1), semblent devoir rencontrer un accueil favorable dans certains milieux allemands, dont les étranges prétentions sur le Maroc ont heureusement trouvé jusqu'à présent peu d'écho dans les sphères gouvernementales, d'autant plus que ces vues ne sont point partagées dans tous les milieux coloniaux allemands (2).

III. Les intérêts français.

Si l'Espagne n'a au Maroc qu'une situation toute de façade, il n'en est pas de même de la France, et je crois utile de faire connaître l'importance des intérêts dont notre diplomatie a la sauvegarde. La colonie française au Maroc s'accroît sans cesse, surtout à Tanger où l'on compte maintenant plus de 400 Français installés, sans les fonctionnaires : ils ont tous des capitaux et presque tous ont fait un stage préalable en Algérie ou en Tunisie. Au point de vue du chiffre d'affaires, la valeur du commerce français au Maroc est parfois égalée (non surpassée) par celle du commerce anglais ; mais tandis que l'Angleterre se contente d'expédier des produits au Maroc et d'en recevoir de ce pays, la France a sur les lieux, et surtout à Tanger, de gros intérêts commerciaux et industriels purement marocains, et aucune autre puissance, pas même l'Allemagne, n'a au Maroc des maisons atteignant l'importance des nôtres.

Le premier rang revient naturellement à la « *Compagnie Marocaine* » dont le fondateur est M. Gautsch et dont le capital a été récemment porté à 2.500.000 francs : c'est la plus grosse entreprise commerciale et industrielle existant au Maroc. Immédiatement après, vient l'active et importante maison d'importation et d'exportation de M. Braunschvig, au capital de 1.000.000 de francs. Les maisons d'importation Allier, Sacaze, Robic, Mazella, Levy Valency, Vezian, Goffart, M. Breuil, Blanchet d'Oran, etc., la maison d'exportation Théo Furth, etc., à Tanger ; les maisons de Larache : Ferrieu, Canepa, Bigarré, Mallot, Morin, Brudo, etc., sur la côte ; les maisons Galula, Salama et Benhamou à Melilla.

En outre, une partie des capitaux des compagnies de navigation Paquet et Mixte et des Raffineries de Marseille, est engagée au Maroc. Les seules banques ayant une agence à Tanger sont des banques françaises, le *Comptoir d'Escompte* et

(1) « *S. Ximenes-Tanger über ein Deutsch-spanisches Zusammengehene* « Deutsche Monatschrift für Kolonial politik und Kolonisation (früher Nordafrika) » Augustheft 1901.

(2) M. le lieutenant-colonel Hübner, dans un article de la *Kolonialzeitung* du 28 juillet 1901, se prononce en faveur d'une politique secondant avec bienveillance l'action de la France.

tout nouvellement la *Compagnie Algérienne* et le *Crédit Foncier et Agricole d'Algérie* ; les deux premiers de ces établissements organisent chacun une agence à Casablanca ; il est également question d'une création du même genre à Fez. Les Français sont les seuls, à part quelques exceptions peu importantes, qui, aient créé au Maroc des industries ou des succursales d'industries : minoterie, fabrique de pâtes alimentaires; briqueterie, scierie, distillerie, fabrique de glace, fabrique de crin végétal, etc. Si l'éclairage électrique de Tanger dépend de la Compagnie Transatlantique Espagnole, Mogador sera prochainement éclairé par des Français. Un Français, M. Vernet, a créé à Tanger un dépôt d'anthracite et un commerce de vins français. Il est inutile de multiplier davantage les exemples pour être autorisé à dire que les capitaux engagés par la France au Maroc sont supérieurs à ceux de n'importe quel autre pays. Pour les travaux publics, nos compatriotes sont encore au premier plan : M. Gautsch a obtenu la concession des travaux d'agrandissement de la douane de Tanger. Enfin c'est à la France que revient la première tentative de création de voies de communication au Maroc : je vous ai parlé dans ma correspondance de Larache de l'aménagement de la route de Larache à Fez auquel M. Chénard a été chargé de procéder pour le compte de la Compagnie Marocaine en vue de l'établissement d'un service de transports par charrettes. D'après les dernières nouvelles qui me parviennent, cette intéressante tentative a malheureusement échoué, non pas, comme on serait tenté de le croire, devant le fanatisme et la haine des innovations, mais simplement devant l'opposition des chameliers et muletiers qu'inquiétait cette dangereuse concurrence. Aussi peut-on être certain que nos hardis promoteurs ne se tiendront pas pour battus.

Les Français établis à Tanger ne ménagent point leurs efforts pour accroître nos intérêts commerciaux et industriels au Maroc, déjà si importants. Le « *Syndicat pour l'extension des intérêts français* » a été récemment fondé à Tanger sous le contrôle de la Légation de France dans le but de fournir gratuitement à nos compatriotes désireux de faire des affaires au Maroc tous les renseignements nécessaires ; il est divisé en 8 sections, par catégories d'affaires. Son président est M. Gautsch, un des représentants les plus autorisés de notre commerce et de notre industrie dans ce pays, et son secrétaire général est M. Daniel Saurin, l'éminent et actif avocat, directeur du *Journal du Maroc*, organe que nos compatriotes désireux de se documenter d'une manière sérieuse et efficace consulteront avec intérêt et profit. Il suffit de citer ces deux noms pour montrer quels services inappréciables le nouveau groupement est appelé à rendre à la cause française.

IV. La langue française.

Si la situation morale de la France au Maroc ne le cède en rien à la situation matérielle, la raison en est, pour une part énorme, dans la propagation de notre langue, de plus en plus comprise et parlée, grâce surtout à l'œuvre de l'*Alliance Israélite Universelle*, grâce aussi aux efforts de l'*Alliance Française*.

Jusqu'à présent, le seul enseignement du français qui soit généralisé au Maroc est celui qui est donné aux juifs des principales villes dans les écoles de l'Alliance Israélite Universelle, de Paris. Ayant visité les écoles de Tanger et de Tétouan, j'ai pu me rendre compte du caractère pratique et du niveau élevé de cet enseignement donné *en français* par des professeurs qui ont obtenu tous leurs grades à Paris. Des écoles pour garçons et filles existent à Tanger, Tétouan, Larache, Fez, Rabat, Casablanca, Mogador et Marrakech, réunissant environ 2.450 élèves dont l'instruction a coûté en 1903 plus de 101.000 francs. Dans ces écoles se préparent nos futurs courtiers, auxiliaires tout indiqués de notre pénétration commerciale. Malheureusement, l'insécurité paralysant actuellement les affaires au

Maroc, beaucoup de jeunes israélites instruits s'expatrient, surtout pour l'Amérique, et leur éducation française est ainsi perdue pour la France. Notre pays, en rétablissant la sécurité au Maroc, y rendra possible le développement des affaires, et une des conséquences de cette transformation sera d'y retenir ces utiles pionniers de notre cause. Il serait désirable, en outre, que la qualité de protégés français leur soit un peu plus facilement accordée.

Mais les juifs marocains, quelque intéressants qu'ils soient, ne constituent qu'une très faible partie de la population, et la question la plus importante à résoudre est celle de l'instruction de l'élément mulsuman, entreprise difficile et de longue haleine, au succès de laquelle est intimement lié notre avenir au Maroc. L'Alliance Française a assumé cette lourde tâche. L'école franco-arabe de Tanger, subventionnée par elle, sous le patronage de la Légation de France, a déjà donné d'excellents résultats sous la direction éclairée de son fondateur Sidi Mohamed Ben Ghabrit, assisté de professeurs dévoués tels que Ould Ammar Mohamed, Mohamed Angaï, etc. Cette école compte actuellement environ 60 élèves dont plus de la moitié sont, il est vrai, des Algériens : mais ces derniers seront d'excellents propagateurs de notre langue et de nos idées. Il y a trois divisions; et les élèves du degré supérieur, qui fréquentent l'école depuis plusieurs années, ont des connaissances générales très suffisantes. L'Alliance Française vient de créer dans son sein une *Commission du Maroc* qui a décidé de confier l'unique représentation de l'Alliance au *Comité régional de Tanger*, lequel sera chargé, sous la direction de la Légation de France, de la nomination des instituteurs des écoles à créer dans les autres villes du Maroc et de l'emploi des fonds destinés à ce pays. Cet enseignement étant tout à fait à son début, c'est dans quelques années seulement qu'il sera possible d'en apprécier les résultats.

Il existe à Tanger deux autres écoles françaises. L'école de Mlle Robinet est fréquentée par des jeunes filles européennes et surtout des jeunes filles israélites de familles riches que leurs parents n'envoient pas à l'école de l'Alliance israélite. A l'école de M. Girardot, une instruction française très approfondie est donnée à des enfants de familles espagnoles, et aussi à des enfants de familles françaises établies depuis longtemps à Tanger et ayant perdu jusqu'à l'usage de leur langue maternelle, à force de vivre dans un milieu tout à fait espagnol. Ces familles n'avaient pas d'autre ressource que d'envoyer leurs enfants à l'école des Franciscains espagnols : c'est pourquoi l'œuvre de M. Girardot répond à une véritable nécessité et mérite toute la sollicitude des pouvoirs publics. Le développement croissant de la colonie française et de ses besoins va même obliger M. Girardot à créer une classe supérieure d'enseignement primaire où seront enseignés les premiers éléments des sciences diverses pour servir, le cas échéant, à l'obtention du certificat d'études. La *Mission laïque française* paraît tout spécialement appelée à s'occuper des écoles telles que celles de M. Girardot et de Mlle Robinet, car elle a plus particulièrement pour but l'enseignement du français aux Européens. A côté de la grande œuvre de l'enseignement du français aux Musulmans, il y a là une œuvre également intéressante, celle consistant à réagir contre l'influence espagnole.

V. La mise à exécution de l'accord franco-anglais. L'étude de la langue arabe. La mission de la France.

Par ce qui précède, je me suis efforcé de démontrer que la France occupe au Maroc une situation des plus favorables : or cette situation s'améliore de jour en jour, car la clause de la déclaration franco-anglaise du 8 avril 1904, conférant à la France le droit de veiller à la tranquillité du Maroc et de lui prêter son assistance pour toutes les réformes administratives, économiques, financières et militaires dont il a besoin, est mise graduellement à exécution. En dehors de l'organisation de la police par la France, une des premières conséquences de cet accord a été en effet la conclusion de l'emprunt marocain 5 % de 62.500.000 francs avec un syndicat à la tête duquel se trouve la Banque de Paris et des Pays-Bas et dont fait partie la Compagnie Marocaine. Cet emprunt étant gagé sur la totalité des recettes des douanes, M. Regnault, ancien consul de France à Genève, agissant en qualité de représentant des porteurs de la dette marocaine, a installé sans aucune difficulté (en dépit des assertions contraires) dans tous les ports ouverts des délégués français chargés de percevoir journellement 60 % des recettes des douanes. Cette intervention assurant, grâce au contrôle qu'elle implique, le fonctionnement régulier d'une des branches les plus importantes de l'administration, peut être envisagée comme un commencement de réforme administrative.

J'ai signalé l'initiative de la France en matière de travaux publics. Il y a lieu d'ajouter que le chemin de fer en construction de Tlemcen à Marnia sera ensuite prolongé jusqu'à Oudjda, et ensuite vers Taza, Fez et l'Atlantique. M. Berlier l'ingénieur bien connu, a constitué un comité pour s'occuper de la réalisation de son projet de tunnel sous le détroit de Gibraltar joint à un chemin de fer au Maroc. Un nouveau câble français va être posé entre Tanger et Cadix. Il y a lieu de s'attendre également à ce que notre pays prenne une large part dans les travaux d'amélioration des ports de l'Océan. En vue de déterminer d'une manière précise la valeur économique et les richesses du Maroc, une mission d'exploration, pour laquelle il a été réuni près de 200,000 francs, a été confiée par le Comité du Maroc à M. de Segonzac, tout particulièrement désigné par ses admirables voyages antérieurs. Dans le même ordre d'idées, on procède à la constitution à Paris d'une société de recherches et d'exploitation minières au Maroc, au capital de 500.000 francs pouvant être portés à 1.000.000 francs ou davantage : une mission composée d'ingénieurs des mines serait chargée des travaux de prospection.

Enfin les études économiques devant être complétées par les études sociales, il sera créé dans ce but un « *Institut Marocain* » dont le noyau est la « *Mission scientifique* » de Tanger, actuellement dirigée avec une rare compétence par M. Salmon, le distingué rédacteur des *Archives marocaines*.

Ainsi, dès la conclusion de l'accord franco-anglais, la France n'a pas hésité à entreprendre l'œuvre de civilisation dont l'Angleterre l'a jugée digne : elle l'a commencée et la continuera avec pleine conscience de la lourde responsabilité qu'elle a assumée devant le monde. Elle l'accomplira seule, parce que le Maroc est dans sa zone d'influence, et parce qu'elle a seule l'autorité morale et la puissance matérielle nécessaires pour la mener à bien. L'opinion publique française, trop facilement impressionnable, doit être mise en garde contre les informations tendancieuses et intéressées, de source étrangère, tendant à faire croire que notre intervention se heurte à la résistance des indigènes et provoquera une révolte religieuse de leur part. La France, que son œuvre algérienne a fait apprécier au Maroc, y est au contraire aimée et respectée : c'est pourquoi elle réussira là où toute autre puissance échouerait fatalement. Dans cette œuvre « impériale » (au sens colonial du terme), notre vaillante colonie française de Tanger est tout naturellement appelée à jouer un rôle essentiel, et nos Arabes d'Algérie nous apporteront leur concours dévoué et indispensable ; de même, les Français d'Algérie et de Tunisie sont solidement armés pour cette conquête pacifique grâce à leur pratique musulmane et à leur connaissance de la langue arabe. Vis-à-vis d'eux, les Français de France se trouvent dans un état d'infériorité marquée pour affronter cette lutte d'émulation patriotique.

Le remède consisterait à propager dans la métropole l'enseignement, à un point de vue pratique, de l'*arabe vulgaire*, algérien et marocain (1). Il serait curieux qu'à ce point de vue l'Espagne (où l'on rencontre très souvent d'excellentes intentions) nous donnât l'exemple. Le gouvernement espagnol projette en effet la création à Madrid d'une école pour l'enseignement de l'arabe par des professeurs africains, on y décernerait trois sortes de certificats d'aptitude correspondant à trois degrés : arabe vulgaire indispensable pour les besoins de la vie et des affaires, arabe régulier pour les négociations officielles, arabe littéraire pour l'étude des textes (2).

Un enseignement de ce genre serait au moins aussi utile en France qu'en Espagne, car s'il est excellent de propager la langue française parmi les peuples que nous nous proposons de civiliser, il n'est pas moins nécessaire d'apprendre nous-mêmes la langue de ces peuples. La connaissance de l'arabe en France rendra plus fréquents et surtout plus fructueux les voyages de nos compatriotes au Maroc ; elle leur permettra de s'enquérir des besoins des indigènes, et de leur faire connaître et apprécier notre civilisation ; elle créera entre Français et Marocains un échange d'idées et de sentiments plus complet et plus intime, facilitant à la France une conquête morale plus noble et plus stable que la conquête matérielle.

En insistant sur ce point, je terminerai cet exposé, dont le but est de faire partager l'impression réconfortante que l'on éprouve en constatant que la France occupe au Maroc une situation considérable et sans cesse grandissante, constituant le meilleur gage de succès dans l'œuvre de civilisation et de mise en valeur d'un pays qui, s'il n'est pas encore français, n'est pas bien loin de le devenir.

Camille FIDEL.

(1) L'arabe parlé au Maroc est la même langue que l'arabe parlé en Algérie ; seulement une même idée est souvent exprimée, dans les deux pays, par des termes différents.

(2) L'Etat espagnol vient également de prendre sous sa protection, par décret paru dans la *Gaceta de Madrid*, le *Centre des Arabisants* (*Centro de Arabistas*), fondé par les élèves de D. Francisco Codera, dont le but est la propagation de la langue arabe parmi la jeunesse espagnole et de la langue espagnole parmi les Marocains. La subvention de l'Etat sera de 90.000 pesetas par an.

CLERMONT (OISE). — IMP. DAIX FRÈRES.

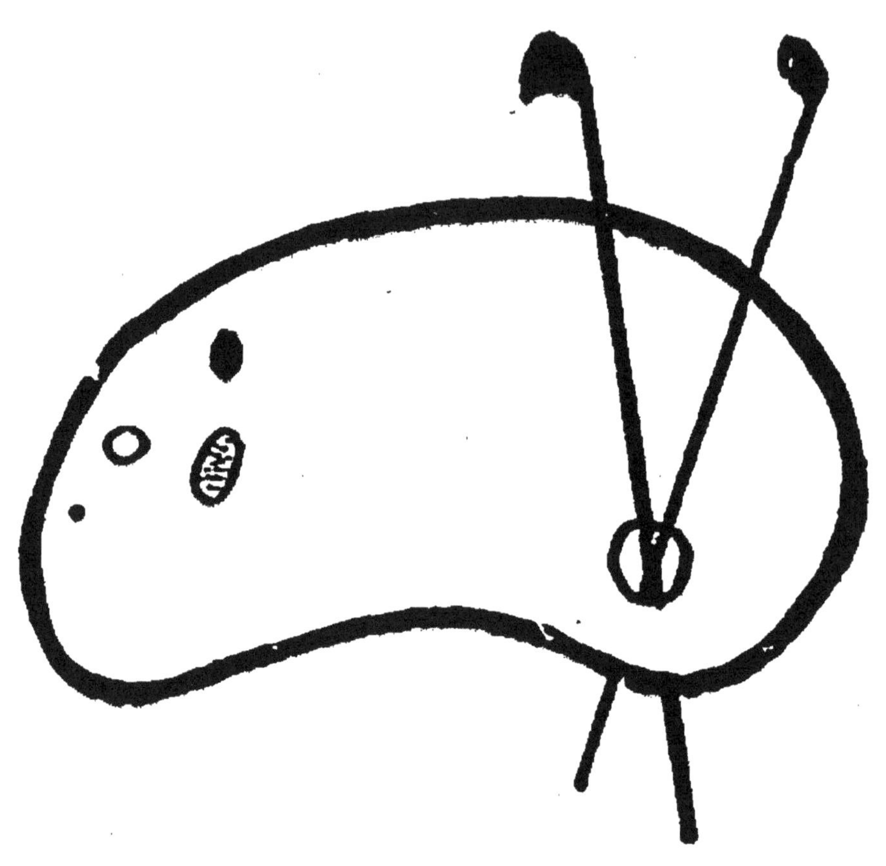

www.ingramcontent.com/pod-product-compliance
Ingram Content Group UK Ltd.
Pitfield, Milton Keynes, MK11 3LW, UK
UKHW022203190726
13855UKWH00004B/1605

9 782012 952928